ALPHABET CHRÉTIEN

ou

RÈGLEMENT

POUR LES ENFANTS

QUI FRÉQUENTENT

LES ÉCOLES CHRÉTIENNES

DES SOEURS DE LA PROVIDENCE

D'ARRAS.

CLERMONT-FERRAND,

A la Librairie Catholique,

RUE BARBANÇON.

—

1858.

✝ a b c d
e f g h i j k
l m n o p q
r s t u v x y
z æ œ ç ſſ ſi
ffi ſl ſſl w.

✝ A B C D
E F G H I
J K L M N
O P Q R S
T U V X Y
Z Æ Œ.

Ba be bi bo bu

Ca ce ci co cu

Da de di do du

Fa fe fi fo fu

Ga ge gi go gu

La le li lo lu

Ma me mi mo mu

Na ne ni no nu

Pa pe pi po pu

Qua que qui quo quu

Ra re ri ro ru

Sa se si so su

Ta te ti to tu

Va ve vi vo vu

Xa xe xi xo xu

Za ze zi zo zu

---

an, on, un, or,

et, au, s'y, est,

lui, pas, loi, jeu,

air, mur, nous,
mais, vous, fils,
point, temps,
dans, jour, dix,
corps, main,
dent, pied, le,
pont, tour, la,
long, haut, les,
banc, bois, du,
cent, deux, si,

â me, pè re, an-
ge, tê te, heu re,
pa ge, en fer, es-
prit, com me,
beau coup, em-
ploi, pre mier,
clas se, li vre,
ta ble, se cond,
pren dre, a mi,
ciel, tré sor,

sain te, mê me,
vil le, ap pel,
se cours, gla ce,
fau te, dé faut,
ver tu, fi xer
Mes se, si gnal,
gout te, e xil,
lar me, ar bre,
ha ïr, dé cret,
tas se, ai mer,

Pa ra dis, é co-
le,   A pô tre,
é toi le, E gli-
se,   dis ci ple,
o rai son, doc-
tri ne, pa ro le,
pen si on, nou-
vel le, vil la ge,
fa mil le, Sain te
Vier ge.

L'ORAISON DOMINICALE.

No tre PÈRE qui ê tes dans les Cieux, que vo tre nom soit sanc ti fi é; que vo tre rè gne ar- ri ve; que vo tre

vo lon té soit
fai te en la ter-
re com me au
ciel : don nez-
nous au jour-
d'hui notre pain
de cha que jour,
et nous par-
don nez nos of-
fen ses com me

nous par don-
nons à ceux qui
nous ont of fen-
sés; et ne nous
lais sez pas suc-
com ber à la
ten ta tion,
mais dé li vrez-
nous du mal.
Ain si soit-il.

La Salutation angélique.

Je vous sa lu e, Mari e, plei ne de grâ ce ; le Sei gneur est a vec vous ; vous ê tes bé nie en tre tou tes les fem mes, et Jé sus, le fruit de vos entrail les, est bé ni. Sainte Ma ri e, mè re de Dieu, pri ez pour nous, pauvres pé cheurs, mainte nant et à l'heu re de no tre mort. Ain si soit-il.

Le Symbole des Apôtres.

Je crois en Dieu, le Père tout-puis sant, cré -

a teur du ciel et de la terre, et en Jé sus-Christ, son Fils u ni que, no tre Sei gneur, qui a é té con çu du Saint-Es prit, est né de la Vier ge Ma rie, a souf fert sous Pon ce Pi la te; a été cru ci fié, est mort, et a é té en se ve li; qui est des cen du aux en fers; et le troi si è me jour est res sus ci té des morts; est mon té aux Cieux, est as sis à la droi te de Dieu, le Pè re tout-puis sant, d'où il vien dra juger les vi vants et les morts. Je crois au Saint-Esprit, la sain te Eglise ca tho li que, la com mu ni on des Saints, la ré mis si on des pé chés, la ré sur rec ti on de la chair, la vie éter nel le. Ain si soit-il.

La confession des Péchés.

Je con fes se à Dieu tout-puis sant, à la bien heu reu se Marie, tou jours Vier ge, à saint Mi chel Ar chan ge, à saint Jean-Bap tis te, aux A pô tres saint Pier re et saint Paul, à tous les Saints, et à vous, mon Père, que j'ai beau coup péché, par pen sées, par pa ro les, par ac ti ons et par o mis si ons; c'est ma fau te, c'est ma fau-te, c'est ma très-gran de fau te. C'est pour quoi je sup plie la bien heu-reu se Ma rie, tou jours Vier ge, saint Mi chel Ar chan ge, saint Jean-Bap tis te, les A pô tres saint Pier re et saint Paul, tous les saints, et vous, mon Pè re, de

pri er pour moi le Sei-
gneur no tre Dieu.

Que le Dieu tout-puis-
sant nous fas se mi sé-
ri cor de, qu'il nous pardon ne nos pé chés, et
nous con dui se à la vi e
é ter nel le.
Ain si soit-il.

Que le Sei gneur tout-
puis sant et mi sé ri cor-
di eux nous ac cor de
l'in dul gen ce, l'ab so-
lu tion et la ré mis si on
de nos pé chés.
Ain si soit-il.

Acte de Foi.

Mon Di eu, je crois fer me ment tout ce que croit et en sei gne la sain te Égli se ca tho li que, a pos- to li que et ro mai ne; par ce que c'est vous, ô mon Di eu! qui l'a vez dit, et que vous ê tes la vé ri té mê me.

Acte d'Espérance.

Mon Di eu, j'es pè re a vec u ne fer me con fi an ce, qu'en vue des mé ri tes de Jé sus-Christ, vous vou- drez bien me don ner vo tre grâ ce en ce mon de, et le pa ra dis en l'au tre, par ce que vous ê tes tout-puis sant, bon, et fi dè le dans vos pro mes ses.

Acte de Charité.

Mon Dieu, je vous ai me de tout mon cœur, par ce que vous ê tes in fi ni ment bon et parfait, et j'ai me mon pro chain com me moi-mê me pour l'amour de vous.

Prière à saint Bernard.

Sou ve nez-vous, ô très-cha ri ta ble Vi er ge Ma rie, qu'on n'a ja mais ou ï dire qu'au cun de ceux qui ont eu re cours à vous, im plo ré vo tre se cours et de man dé vos suf fra ges, ait été a ban don né : a ni mé de cet te con fi an ce, ô Vier ge, mè re des vier ges! je cours et vi ens à vous; ac ca blée sous le poids de mes pé chés, je me jet te à vos pieds; ô mè re de mon Sau veur, ne re je tez pas mes hum- bles pri è res, mais é cou tez-les fa- vo ra ble ment, et dai gnez les ex- au cer. Ain si soit-il.

REGLEMENT DES ENFANTS.

1° Ne so yez pas pa res seu- se à vous le ver. Fai tes d'a- bord le si gne de la croix et don nez vo tre cœur à Di eu. Ha bil lez-vous a vec gran de mo des tie. Met tez-vous en sui- te à ge noux et fai tes vo tre pri è re, a vec la fa mil le, s'il se peut. A près vo tre pri è re.

vous don ne rez le bon jour à vos pa rents.

2° Ne man quez pas de vous pei gner tous les jours, de vous la ver le vi sa ge et les mains, de vous fai re les on gles et d'a voir u ne gran-de pro pre té en tout. Vous le de vez au tant à vo tre san té qu'à l'hon nê te té.

3° Ren dez-vous, ma chè-re en fant, à l'é co le a vec beau coup d'ex ac ti tu de. So-yez bien mo des te en che min et ne vous ar rê tez nul le part.

4° En en trant à la clas se, vous vous met trez à ge noux

de vant l'i ma ge de la sain te Vi er ge pour di re *Je vous sa lu e,* et i rez à la pla ce qui vous au ra été as si gné e.

5° De puis le mo ment que vous se rez en tré e jus qu'à ce que vous sor ti ez de la clas se, vous gar de rez le si len ce le plus ex act. Vous é tu di e rez aus si vo tre le çon sans é le ver la voix.

6° La clas se com men ce ra par u ne pri è re, et vous la ré ci te rez a vec beau coup d'at ten ti on et de dé vo ti on; c'est ain si, ma chè re en fant, que vous de vez tou jours pri er Di eu.

7° Vous ne sortirez pas de la classe sans permission, et jamais deux en même temps.

8° Vous parlerez toujours français aux maîtresses ainsi qu'à vos compagnes. Vous ne devez tutoyer personne, ni donner des sobriquets, ni vous moquer de qui que ce soit, ni lui reprocher ses défauts.

9° Ne soyez point rapporteuse. Vous devez même endurer patiemment une réprimande que l'on vous fait par méprise, plutôt que de

om mer cel le de vos com-
a gnes qui l'a mé ri té e.

10° Quand on vous re pren-
ra, vous ne con tes te rez
oint et ne cher che rez pas
vous jus ti fi er. Vous é cou-
e rez hum ble ment ce qui
ous se ra dit, et re mer cie-
ez la maî tres se.

11° Vous tien drez la mê-
ne con dui te, si vos maî-
res ses vous im po sent quel-
jue pé ni ten ce.

12° E tu diez tou jours bien
o tre le çon. Quand on vous
a di ra, so yez très-at ten ti ve.
Ne sui vez pas a vec u ne moin-

dre at ten ti on cel les qui sont de la mê me sec tion; et a près que tou tes ont lu, re pas sez vo tre le çon, a fin de mieux é vi ter les fau tes pour les- quel les vous ou les au tres au rez é té re pri ses.

13° Ac cou tu mez-vous à sui vre le sens de ce que vous li sez; à fai re sen tir les points et les vir gu les; à bien pro- non cer et à cor ri ger vo tre mau vais ac cent.

14° En é cri vant, te nez bien vo tre plu me, for mez bien vos let tres; que les mots soient bien li és, sé pa rés les uns des autres, et le tout avec beaucoup de netteté. Ayez donc souvent les yeux sur votre exemple. Accoutumez-vous à mettre l'orthographe.

15° Veillez à ce que votre cahier, vos plumes, vos exemples, vos livres ne s'égarent point et soient toujours propres. Aimez en tout l'ordre et la propreté.

16° Exercez de bonne heure votre mémoire. Pendant le temps où l'on apprend par cœur, vous apprendrez d'abord la prière du matin et du soir et le ca té chis me.

17° Durant l'heure du ca té chis me, so yez très-at ten ti ve, a fin de sui vre l'ex pli ca ti on qui en est fai te. S'il y a quel que cho se que vous ne com pre niez pas, pri ez tout haut la Maî tres se de vous l'ex pli quer. C'est là, ma chè re en fant, la sci en ce du sa lut. Le soir vous répè te rez à vos frè res et sœurs et aux do mes ti ques ce qu'on vous au ra ap pris.

18° Lors qu'on fe ra la pri è re du ma tin et cel le du soir, vous sui vrez a vec res pect et dé vo ti on, vous ac cou tu mant à en trer dans les sen ti ments que vo tre bou che ex pri me.

19° Vous i rez à la sain te Mes se, deux à deux, mo des- te ment et en si len ce, vous pré pa rant à y as sis ter a vec pi é té.

20° En en trant à l'é gli se, cel le qui est du cô té du bé- ni tier pré sen te ra de l'eau bé ni te à sa com pa gne. Vous vous ran ge rez à la pla ce qui vous au ra é té as si gnée.

21° Du rant la Mes se, vous aurez vo tre li vre de vant les

yeux, et en lirez les prières de vo te ment. Si vous ne sa-vez pas en co re bien li re, vous di rez avec pi é té vo tre cha pe let.

22° A près la mes se, vous vous re met trez à ge noux pour re mer cier le bon Dieu, et, au si gnal qui se ra don né, vous retourne rez à la classe dans le même or-dre que vous êtes ve nu es, toujours en si len ce et a vec recueille ment.

23° Ayez du zè le à ap pren-dre des can ti ques, et pre-nez l'ha bi tu de d'en sui vre

le sens quand vous les chantez.

24° Vous n'aurez d'amitiés particulières pour aucune de vos compagnes. Vous les aimerez toutes également, et leur parlerez avec la même honnêteté.

25° Si néanmoins vous en connaissiez qui tinssent de mauvais discours ou eussent une conduite mauvaise, vous ne devez pas les fréquenter.

26° La classe finira par une prière. Vous sortirez sans bruit, sans précipitation, avec

modestie; et vous vous rendrez droit à la maison, sans
vous arrêter dans les rues à
parler et à vous amuser.

27° Une fois la semaine, on
vous donnera des leçons de
civilité, et vous y serez très-
attentive, afin d'apprendre à
saluer, à parler et à vous pré-
senter convenablement; à ho-
norer chacun selon son état et
son âge; et à éviter toute
malhonnêteté, indécence ou
grossièreté. La politesse fait
aimer et respecter la vertu.

28° Ayez le plus grand respect et un amour sincère pour

tous vos père et mère et pour vos parents. Obéissez-leur promptement, allez même au devant de leurs volontés. Fermez les yeux sur leurs défauts et ne vous en entretenez jamais. Ne dites jamais à personne ce qui se passe dans la maison.

27° Si cependant l'on vous commandait de mentir, de dérober, de dire ou de faire quelque autre chose mauvaise, répondez avec respect que vous ne le pouvez point faire, que le bon Dieu vous le défend.

30° Ne sortez point de la maison sans la permission de vos parents, surtout pour aller loin.

31° Portez toujours un grand respect aux Prêtres. Ne parlez jamais et ne soufrez pas que l'on vous parle d'eux en mauvaise part. Respectez aussi beaucoup les personnes âgées; rendez-leur service, si vous le pouvez ; ne vous moquez jamais d'elles et empêchez qu'on le fasse: Dieu vous maudirait, ma chère enfant.

32° Respectez les pauvres;

ils sont les membres de Jésus-Christ. Saluez-les; parlez-leur toujours honnêtement ; ne les insultez point,
secourez-les quand vous le
pourrez; priez vos parents de
leur faire l'aumône.

33° Saluez tout le monde,
et ne soyez pas moins honnête dans vos paroles. Si vous
parlez à des personnes respectables, dites : *Oui, monsieur; Oui Madame; Non,
Monsieur*, etc., selon que
vous serez interrogée.

34° Soyez honnête et complaisante envers les étrangers

comme envers les autres : il faut savoir se gêner pour rendre service dans l'occasion.

35° Aimez vos frères et sœurs : ne disputez point ensemble, ne vous frappez point, montrez que vous êtes la plus raisonnable, cédez-leur dans toutes les occasions où le bon Dieu n'est point offensé.

36° Agissez de même à l'égard de toutes les personnes de la maison, des voisins et voisines, de vos amies et de tout le monde.

37° Ne fréquentez point les

garçons, ma chère enfant; ne soyez jamais seule avec eux, ne souffrez point qu'ils badinent avec vous.

38° Ayez le plus grand amour pour la modestie : respectez votre corps comme le corps même de Jésus-Christ. Portez toujours un mouchoir au cou et soyez habillée avec décence. En compagnie ou seule, pensez que Dieu vous voit, et que votre bon Ange est à côté de vous.

39° Ne regardez jamais rien d'indécent; que vos yeux soient toujours modestes; ne chantez et n'écoutez aucune mauvaise chanson, et ne dites et n'écoutez aucune parole déshonnête.

40° Ne mentez jamais : les menteurs offensent Dieu et se font haïr de tout le monde.

41. Gardez-vous bien de dérober, ni fruits, ni friandises, ni quoi que ce soit, à vos parents ou aux étrangers. Rien de plus méprisable qu'une voleuse.

42° Ne prononcez pas le nom de Dieu en vain. Ne souillez jamais votre bouche par des juremens ou autres paroles grossières.

43° Ne soyez point gourmande : prenez simplement, sans vous plaindre et avec reconnaissance, la nourriture qui vous est donnée. Accoutumez - vous jeune à être sobre, à ne pas manger avec avidité et précipitation, et même à faire quelque petite mortification. N'oubliez pas le *Benedicite* et les Grâces. Ne vous asseyez pas à table la première, et attendez que l'on vous serve.

44° Ne passez pas les jours de vacance dans l'oisiveté : elle est la mère de tous les vices. Aimez le travail, et ne restez jamais sans rien faire ; occupez-vous toujours au retour de l'école.

45° Les dimanches et fêtes, vous assisterez à la grand'-messe, à vêprés, aux instructions, au rosaire, et vous vous placerez au lieu qui vous est assigné à côté des maî-tresses.

46° Ayez, ma chère enfant, une grand dévotion à la sainte Vierge et invoquez-la souvent avec confiance. La fête de la *Présentation* sera celle des écolières. Vous vous y pré-parerez par la confession. Il n'y aura point de leçons ce jour-là. Vous vous rendrez à la classe pour écouter une instruction et de là aller à la grand'messe où vous ferez l'offrande. Vous vous récréerez ensuite dans la classe avec vos compagnes. Le soir vous irez à l'église faire l'acte de consécration à votre divine Mère et chanter ses litanies.

47° Saint Louis de Gonzague, qui a été donné par l'Eglise pour patron à la jeunesse, sera le second patron des écolières. Vous célèbrerez sa fête comme la précédente.

48° N'entrez jamais dans l'église sans être pénétrée d'un saint respect. Gardez-vous bien d'y courir, d'y badiner, d'y rire, d'y parler, d'y tourner la tête de côté et d'autre.

49° Accoutumez-vous à vous tenir en la présence de Dieu et à lui offrir votre travail et toutes vos actions. En les commençant, faites toujours le signe de la Croix.

50° Ayez pour Dieu une crainte amoureuse et la plus grande horreur pour les fautes les plus légères.

51° Quand vous passez devant une église ou une croix, faites le signe de la croix et la révérence.

52° Quand vous prononcez ou entendez prononcer le saint nom de Jésus ou de Marie, faites la révérence.

53° Quand on sonne l'*Angelus*, dites-le dévotement.

54° Mais accoutumez-vous à ne faire ces actions qu'avec des sentiments intérieurs de piété.

55° Le soir, vous ferez la prière avec toute la famille à haute voix et très-dévotement devant quelque image. Ensuite vous souhaiterez le bon soir à vos père et mère et autres personnes de la famille. Vous vous déshabillerez modestement, prendrez de l'eau bénite et ferez le signe de la croix, et vous vous recommanderez à Dieu, à la sainte Vierge et à votre bon ange.

56°Enfin vivez, ma chère enfant, de manière à éviter le péché et à plaire au bon Dieu en toutes vos actions, afin de vous rendre digne d'entrer dans le Ciel.

Prière avant la classe.

Divin Jésus, qui avez toujours fait ce qui était du bon plaisir de Dieu votre père, donnez-nous, s'il vous plaît, vos lumières pour bien apprendre; faites-nous la grâce de profiter de nos études, faites que ce soit pour votre gloire, pour la consolation de nos parents et pour notre sanctification.

Je vous salue Marie, etc.

Prière après la classe.

Nous vous remercions, ô mon Dieu! de la grâce

3*

que vous nous avez faite de nous instruire, préférablement à tant d'autres qui vivent dans l'ignorance et qui en profiteraient mieux que nous. Ne permettez pas que nous nous servions jamais de ce que nous apprenons, que pour devenir de bonnes chrétiennes.

Je vous salue Marie, etc.

PRIÈRES

PENDANT LA MESSE.

Au commencement de la Messe.

Faites-moi la grâce, ô mon Dieu! d'entrer dans les dispositions où je dois être pour vous offrir dignement, par les mains du prêtre, le sacrifice redoutable auquel je vais assister. Je vous l'offre, en m'unissant aux intentions de Jésus-Christ et de son Eglise : 1° pour rendre à votre divine majesté l'hommage souverain qui lui est dû; 2° pour vous remercier de tous vos bienfaits; 3° pour vous demander avec un cœur contrit la rémission de mes

péchés; 4° enfin, pour obtenir tous
les secours qui me sont nécessai-
res pour le salut de mon âme et la
vie de mon corps. J'espère toutes
ces grâces de vous, ô mon Dieu!
par les mérites de Jésus-Christ,
votre Fils, qui veut bien être lui-
même le Prêtre et la victime de
ce sacrifice adorable.

Au Confiteor.

Quoique, pour connaître mes
péchés, ô mon Dieu! vous n'ayez
pas besoin de ma confession, et
que vous lisiez dans mon cœur
toutes mes iniquités, je vous les
confesse néanmoins à la face du
ciel et de la terre; j'avoue que je
vous ai offensé par pensées, paro-

les et actions. Mes péchés sont grands, mais vos miséricordes sont infinies. Ayez compassion de moi, ô mon Dieu! souvenez-vous que je suis votre enfant, l'ouvrage de vos mains et le prix de votre sang. Vierge sainte, Anges du ciel, saints et saintes du paradis, priez pour nous; et pendant que nous gémissons dans cette vallée de misères et de larmes, demandez grâce pour nous, et obtenez-nous le pardon de nos péchés.

A l'Introït.

Seigneur, qui avez inspiré aux patriarches et aux prophètes des désirs si ardents de voir descendre votre Fils unique sur la terre, donnez-moi quelque portion de cette sainte ardeur, et faites que, malgré les embarras de cette vie charnelle, je ressente en moi un saint empressement de m'unir à vous.

Au Kyrie eleison.

Je vous demande, ô mon Dieu! par des gémissements et des soupirs réitérés, que vous me fassiez miséricorde; et quand je vous dirais à tous les moments de la vie : *Seigneur, ayez pitié de moi,* ce ne serait pas encore assez pour le nombre et pour l'énormité de mes péchés.

Au Gloria in excelsis.

La gloire que vous méritez,

mon Dieu, ne vous peut être dignement rendue que dans le ciel, mon cœur fait néanmoins ce qu'il peut sur la terre au milieu de son exil : il vous loue, il vous bénit, il vous adore, il vous glorifie, il vous rend grâces et vous reconnaît pour le Saint des Saints, et pour le seul Seigneur souverain du ciel et de la terre, en trois personnes : Père, Fils et Saint-Esprit.

Aux Oraisons.

Recevez, Seigneur, les prières qui vous sont adressées pour nous; accordez-nous les grâces et les vertus que l'Eglise, notre mère, vous demande par la bouche du

Prêtre en notre faveur. Il est vrai que nous ne méritons pas d'être exaucés, mais considérez que nous vous demandons ces grâces par Jésus-Christ, votre Fils, qui vit et règne avec vous dans tous les siècles des siècles. Amen

Pendant l'Épître.

C'est vous, Seigneur, qui avez inspiré aux Prophètes et aux Apôtres les vérités qu'il nous ont laissées par écrit; faites-moi part de leurs lumières, et allumez en mon cœur ce feu sacré dont ils ont été embrasés, afin que comme eux je vous aime et je vous serve sur la terre tous les jours de ma vie.

A l'Évangile.

Je me lève, ô mon souverain Législateur! pour vous marquer que je suis prêt à défendre, aux dépens de tous mes intérêts et de ma vie même, les grandes vérités qui sont contenues dans le saint Évangile. Donnez-moi, Seigneur, autant de force pour accomplir votre divine parole, que vous m'inspirez de fermeté pour la croire.

Pendant le Credo.

Oui, mon Dieu, je crois toutes les vérités que vous avez révélées à votre sainte Eglise; il n'y en a pas une seule pour laquelle je ne voulusse donner mon sang; et c'est dans cette entière soumission que, m'unissant intérieurement à la profession de foi que le Prêtre vous fait, je dis à présent d'esprit et de cœur, comme il vous le dit de vive voix, que je crois fermement en vous et tout ce que l'Eglise croit. Je proteste à la face de vos autels, que je veux vivre et mourir dans les sentiments de cette foi pure et dans le sein de l'Eglise catholique, apostolique et romaine.

A l'Offertoire.

Quoique je ne sois qu'une créature mortelle et pécheresse, je vous offre, par les mains du prêtre, ô vrai Dieu vivant et éternel!

ce pain et ce vin qui doivent être changés au corps et au sang de Jésus-Christ, votre Fils. Recevez, Seigneur, ce sacrifice ineffable en odeur de suavité, et souffrez que j'unisse à cette oblation sainte le sacrifice que je vous fais de mon corps, de mon âme et de tout ce qui m'appartient. Changez-moi, ô mon Dieu! en une nouvelle créature, comme vous allez changer par votre puissance ce pain et ce vin.

Au Lavabo.

Lavez-moi, Seigneur, dans le sang de l'Agneau qui va vous être immolé, et purifiez jusqu'aux moindres souillures de mon âme, afin qu'en m'approchant de votre saint autel, je puisse élever vers vous des mains pures et innocentes, comme vous me l'ordonnez.

Pendant la Secrète.

Recevez, ô mon Dieu! le sacrifice qui vous est offert pour l'honneur et la gloire de votre saint nom, pour notre propre avantage et pour celui de votre sainte Eglise. C'est pour entrer dans ces intentions, que je vous demande toutes les grâces qu'elle vous demande maintenant par le ministère du prêtre, auquel je m'unis pour les obtenir de votre divine bonté, par Jésus-Christ Notre-Seigneur.

A la Préface.

Détachez-nous, Seigneur, de toutes les choses d'ici-bas; élevez nos cœurs vers le ciel, attachez-les à vous seul, et souffrez qu'en vous rendant les louanges et les actions de grâces qui vous sont dues, nous unissions nos faibles voix aux concerts des esprits bienheureux, et que nous disions, dans le lieu de notre exil, ce qu'ils chantent dans le séjour de la gloire : *Saint, Saint, Saint est le Seigneur, le Dieu des armées, qu'il soit glorifié au plus haut des Cieux.*

Après le Sanctus.

Père éternel, qui êtes le souverain pasteur des pasteurs, conservez et gouvernez votre Eglise, sanctifiez-la et répandez-la par toute la terre; unissez tous ceux qui la composent dans un même esprit et un même cœur; bénissez notre saint Père le Pape, notre Prélat, notre Pasteur, tous ceux qui nous gouvernent, et tous ceux qui sont dans la foi de votre Eglise.

Au premier Memento.

Je vous supplie, ô mon Dieu! de vous souvenir de mes parents, de mes amis, de mes bienfaiteurs spirituels et temporels. Je vous recommande aussi de tout mon cœur mes ennemis et tous ceux dont je pourrais avoir reçu quelque mauvais traitement : oubliez leurs péchés et les miens; donnez-leur part aux mérites de ce divin sacrifice, et comblez-les de vos bénédictions en ce monde et en l'autre.

A l'élévation de la sainte Hostie.

O Jésus, mon Sauveur, vrai Dieu et vrai homme, je crois fermement que vous êtes réellement présent dans la sainte Hostie. Je vous adore de tout mon cœur, comme mon Seigneur et mon Dieu. Donnez-moi, et à tous ceux qui sont ici présents, la foi, la religion et l'amour que nous devons avoir pour vous dans ce mystère adorable.

A l'élévation du Calice.

J'adore en ce calice, mon divin Jésus, le prix de ma rédemption et de celle de tous les hommes. Laissez couler, Seigneur, une goutte de ce sang adorable sur mon âme, afin de la purifier de tous ses péchés, et de l'embraser du feu sacré de votre amour.

Après l'Élévation.

Ce n'est plus du pain et du vin, c'est le corps adorable et le précieux sang de Jésus-christ, votre Fils, que nous vous offrons, ô mon Dieu! en mémoire de sa Passion, de sa Résurrection et de son Ascension : recevez-le, Seigneur, et,

par ses mérites infinis, remplis-
sez-nous de vos grâces et de votre
amour.

Au second Memento.

Souvenez-vous aussi, Seigneur,
des âmes qui sont dans le purga-
toire; elles ont l'honneur de vous
appartenir, et bientôt elles vous
possèderont. Je vous recommande
particulièrement celles de mes
parents, de mes amis et de mes
bienfaiteurs spirituels et temporels, et celles qui ont le plus besoin de prières.

Au Pater.

Quoique je ne sois qu'une misé-
rable créature, cependant, grand
Dieu, je prends la liberté de vous

appeler mon Père, puisque vous
le voulez. Faites-moi la grâce, ô
mon Dieu ! de ne point dégénérer
de la qualité de votre enfant, et ne
permettez pas que je fasse jamais
rien qui en soit indigne. Que votre saint nom soit sanctifié par
tout l'univers. Régnez dès à présent dans mon cœur par votre
grâce, afin que je puisse régner
éternellement avec vous dans la
gloire, et faire votre volonté sur
la terre, comme les saints la font
dans le ciel. Vous êtes mon père,
donnez-moi donc, s'il vous plaît,
ce pain céleste dont vous nourris-
sez vos enfants. Pardonnez-moi
comme je pardonne de bon cœur

pour l'amour de vous à tous ceux qui m'auraient offensé; et ne permettez pas que je succombe jamais à aucune tentation; mais faites que, par le secours de votre grâce, je triomphe de tous les ennemis de mon salut.

A l'Agnus Dei.

Agneau de Dieu, qui avez bien voulu vous charger des péchés du monde, ayez pitié de nous, Seigneur. Vos miséricordes sont infinies; effacez donc nos péchés, et donnez-nous la paix avec nous-mêmes et avec notre prochain, en nous inspirant une profonde humilité, et en étouffant en nous tout désir de vengeance.

Au Domine, non sum dignus.

Hélas! Seigneur, il n'est que trop vrai que je ne mérite pas de vous recevoir; je m'en suis rendu tout-à-fait indigne par mes péchés; je les déteste de tout mon cœur, parce qu'ils vous déplaisent et qu'ils m'éloignent de vous. Une seule de vos paroles peut guérir mon âme; ne l'abandonnez pas, ô mon Dieu! et ne permettez pas qu'elle soit jamais séparée de vous.

A la communion du Prêtre.

Si je n'ai pas aujourd'hui le bonheur d'être nourri de votre chair adorable, ô mon aimable Jé-sus! souffrez au moins que je vous reçoive d'esprit et de cœur, et que je m'unisse à vous par la foi, par l'espérance et par la charité. Je crois en vous, ô mon Dieu! j'espère en vous, et je vous aime de tout mon cœur.

Quand le Prêtre ramasse les parties de l'Hostie.

La moindre partie de vos grâces est infiniment précieuse, ô mon Dieu! Je l'ai dit, je ne mérite pas d'être assis à votre table comme votre enfant; mais permettez-moi, au moins, de ramasser les miettes qui en tombent, comme la Chananéenne le désirait. Faites que je ne néglige aucune de vos inspirations, puisque cette négligence pourrait vous obliger à m'en priver entièrement.

Pedant les dernières Oraisons.

Très-sainte et très-adorable Trinité, Père, Fils et Saint-Esprit, qui êtes un seul et vrai Dieu en trois personnes, c'est pour vous que nous avons commencé ce sacrifice, c'est pour vous que nous le finissons : ayez-le vour agréable, et ne nous renvoyez pas sans nous avoir donné votre sainte bénédiction.

Pendant le dernier Évangile.

Verbe éternel, par qui toutes choses ont été faites, et qui, vous étant fait homme pour l'amour de nous, avez institué cet auguste sacrifice, nous vous remercions très-humblement de nous avoir fait la grâce d'y assister aujourd'hui. Que tous les Anges et tous les saints vous en louent à jamais dans le ciel. Pardonnez-moi, ô mon Dieu! la dissipation où j'ai laissé aller mon esprit et la froideur que j'ai ressentie en mon cœur dans un temps où il devrait être tout occupé de vous, et tout embrasé d'amour pour vous. Oubliez, Seigneur, mes péchés, pour lesquels Jésus-Christ, votre Fils, vient d'être immolé sur cet autel; ne permettez pas que je sois assez malheureux pour vous offenser davantage, mais faites que, marchant dans les voies de la justice, je vous regarde sans cesse comme la règle et la fin de toutes mes pensées, de toutes mes paroles et de toutes mes actions. Ainsi soit-il.

Oraison dominicale.

Pater noster, qui es in cœlis, sanctificetur nomen tuum : adveniat regnum tuum : fiat voluntas tua, sicut in cœlo et in terrâ : panem nostrum quotidianum da nobis hodie ; et dimitte nobis debita nostra, sicut et nos dimittimus debitoribus nostris. Et ne nos inducas in tentationem, sed libera nos à malo. Amen.

Salutation angélique.

Ave, Maria, grâtia plena, Dominus tecum : benedicta tu in mulieribus, et benedictus fructus ventris tui, Jesus.

Sancta Maria, mater Dei, ora pro nobis peccatoribus, nunc et in horâ mortis nostræ. Amen.

Symbole des Apôtres.

Credo in Deum, patrem omnipotentem, creatorem cœli et terræ : et in Jesum Christum, filium ejus unicum, Dominum nostrum ; qui conceptus est de Spiritu Sancto, natus ex Mariâ vírgine, passus sub Pontio Pilato, crucifixus, mortuus et sepultus : descendit ad inferos : tertiâ die resurrexit à mortuis : ascendit ad cœlos : sedet ad dexteram Dei patris omnipotentis : inde venturus est judicare vivos et mortuos.

Credo in Spiritum sanctum, sanctam Ecclesiam catholicam, sanctorum communionem, remissionem peccatorum, carnis resurrectionem, vitam æternam. Amen.

Confession des péchés.

Confiteor Deo omnipotenti, beatæ Mariæ semper virgini, beato Michaeli archangelo, beato Joanni Baptistæ, sanctis apostolis Petro et Paulo, omnibus sanctis (et tibi, pater): quia peccavi nimis cogitatione, verbo et opere, meâ culpâ, meâ culpâ, meâ maximâ culpâ. Ideo precor beatam Mariam semper virginem, beatum Michaelem archangelum, beatum Joannem Baptistam, sanctos apostolos Petrum et Paulum, omnes sanctos (et te, pater), orare pro me ad Dominum Deum nostrum. Amen.

Misereatur nostri omnipotens et misericors Dominus. Amen.

Indulgentiam, absolutionem et remissionem peccatorum nostrorum, tribuat nobis omnipotens et misericors Dominus. Amen.

Commandements de Dieu.

1 Un seul Dieu tu adoreras,
Et aimeras parfaitement.

2 Dieu en vain tu ne jureras,
Ni autre chose pareillement.

3 Les dimanches tu garderas,
En servant Dieu dévotement.

4 Père et mère honoreras,
Afin que tu vives longuement.

5 Homicide point ne seras,
De fait ni volontairement.

6 Luxurieux point ne seras,
De corps ni de consentement.

7 Le bien d'autrui ne déroberas,
Ni retiendras à ton escient.

8 Faux témoignage ne diras,
Ni mentiras aucunement.

9 La femme ne convoiteras,
De ton prochain aucunement.

10 Les biens d'autrui ne désireras,
Pour les avoir injustement.

Commandements de l'Église.

1 Les fêtes tu sanctifieras,
Qui te sont de commandement

2 Les Dimanches Messe ouïras
Et les Fêtes pareillement.

3 Tous tes péchés confesseras,
   A tout le moins une fois l'an.
4 Ton Créateur tu recevras,
   Au moins à Pâques humblement.
5 Quatre-temps, vigiles jeûneras,
   Et le Carême entièrement.
6 Vendredi chair ne mangeras,
   Ni le samedi mêmement.

Prière avant le repas.

℣. Bénissez.

℟. C'est le Seigneur qui bénit.

℣. Que la main de Jésus-Christ répande ses bénédictions sur nous et sur les choses que nous allons prendre.

✝. Au nom du Père, et du Fils, et du Saint-Esprit. Ainsi soit-il.

℣. Benedicite.

℟. Dominus.

℣. Nos et ea quæ sumus sumpturi, benedicat dextera Christi.

✝. In nomine Patris, et Filii, et Spiritûs Sancti. Amen.

Action de grâces après le repas.

Seigneur, roi tout-puissant, nous vous rendons grâces de tous vos bienfaits, vous qui étant Dieu, vivez et régnez dans tous les siècles des siècles. Ainsi soit-il.

Agimus tibi gratias, rex omnipotens Deus, pro universis beneficiis tuis; qui vivis et regnas, Deus, per omnia sæcula sæculorum. Amen.

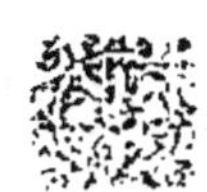

CHEMIN
DE LA CROIX.

Il faut, avant de commencer ce saint exercice, chercher à se pénétrer d'une profonde douleur de ses péchés, s'exciter de tout son cœur à la contrition. On peut se servir de la formule suivante(*).

ACTE DE CONTRITION.

Mon Dieu, pénétré de douleur à la vue de tant de péchés que j'ai commis, et qui ont outragé votre divine majesté, je viens me jeter à vos pieds pour vous exprimer mon repentir, et vous demander miséricorde. Je me repens de tout mon cœur. Seigneur, j'aimerais mieux mourir que de vous offenser désormais, car je vous aime par-dessus toutes choses.

(*) Cette prière doit être récitée devant le maître-autel, ainsi que les cinq *Pater* et *Ave* à la fin des stations.

☩

Première Station.

Jésus est condamné à mort.

℣. Adoramus te, Christe, et benedicimus tibi;
℟. Quia per sanctam crucem tuam redemisti mundum.

OU EN FRANÇAIS :

℣. Nous vous adorons, ô Jésus-Christ, et nous vous bénissons;
℟. Parce que vous avez racheté le monde par votre sainte Croix

MÉDITATION.

Considère, ô mon âme, comment Pilate condamna à mort l'innocent Jésus, et comment ton Sauveur reçut cette condamnation, afin que tu fusses délivrée de la mort éternelle.

Ah! Jésus, je vous rends grâces d'une telle charité; je vous prie d'annuler la sentence de mort éternelle que j'ai méritée par mes péchés, afin que je devienne digne de posséder la vie éternelle.

Pater, Ave, Gloria, etc.

℣. Miserere nostri, Domine (*);
℟. Miserere nostri.

OU EN FRANÇAIS :

℣. Ayez pitié de nous, Seigneur;
℟. Ayez pitié de nous.
℣. Fidelium animæ per misericordiam Dei requiescant in pace.
℟. Amen.

OU EN FRANÇAIS :

℣. Que par la miséricorde de Dieu les âmes des fidèles trépassés reposent en paix.
℟. Ainsi soit-il.

(*) On répète ces prières à la fin de chaque station.

✟

Deuxième Station.

Jésus est chargé de sa Croix.

Adorámus te, Christe (comme à la première station);

MÉDITATION.

Considère, ô mon âme, comment Jésus mit ses épaules sous la Croix, que tes nombreux péchés rendaient si pesante.

Ah! Jésus, accordez-moi la grâce de ne plus appesantir votre Croix par de nouveaux péchés, et de porter courageusement la mienne en faisant une sincère pénitence.

Pater, Ave, etc.

✟

Troisième Station.

Jésus tombe sous le poids de sa Croix

Adoramus te, etc.

MÉDITATION.

Vois, ô mon âme, comment Jésus épuisé de fatigue et de douleur tombe sous la Croix.

Ah! Jésus, mes chutes sont la cause de la vôtre; accordez-moi la grâce de ne plus renouveler votre douleur en retombant dans le péché.

Pater, Ave, etc.

☩

Quatrième Station.

Jésus rencontre sa très-sainte Mère.

Adoramus te, etc.

MÉDITATION.

Considère, ô mon âme, quelle douleur éprouva le cœur de Jésus quand il aperçut Marie, et le cœur de Marie quand elle aperçut Jésus : tes péchés ont été la cause de la mutuelle affliction du Fils et de la Mère.

Ah ! Jésus ! ah ! Marie ! faites-moi ressentir une vive douleur de mes péchés, afin que je les pleure tant que je vivrai, et que je mérite vos faveurs à l'heure de ma mort.

Pater, Ave, etc.

Cinquième Station.

Simon le Cyrénéen aide Jésus à porter sa Croix.

Adoramus te, etc.

MÉDITATION.

Si Jésus permet au Cyrénéen de porter sa Croix, ce n'est pas qu'il manque de force, étant celui qui soutient l'univers ; mais il veut nous apprendre à unir nos souffrances aux siennes, et à partager avec lui le calice d'amertume.

Jésus ! c'est à moi qu'est due la Croix, parce que j'ai péché : faites qu'au moins je vous accompagne, en portant pour l'amour de vous, la Croix de l'adversité.

Pater, Ave, etc.   5*

✝

Sixième Station.

Une femme pieuse essuie le visage de Jésus.

Adoramus te, etc.

MÉDITATION.

Considère, ô mon âme, l'empressement de cette pieuse femme, qui pénètre la foule, pour aller essuyer le visage de Jésus couvert de crachats, de sueur et de sang.

O Jésus ! accordez-moi la grâce de purifier mon âme de toutes ses souillures, et gravez votre sainte passion dans mon esprit et dans mon cœur.

Pater, Ave, etc.

✝

Septième Station.

Jésus tombe pour la seconde fois.

Adoramus te, etc.

MÉDITATION.

Considérons l'Homme-Dieu succombant derechef. Contemplons cette sainte victime étendue sous le poids de sa croix. Il nous donne par là des preuves de son amour infini, et nous apprend que, malgré nos rechutes, nous ne devons jamais perdre confiance, et qu'au milieu des plus grandes afflictions, il ne faut pas se laisser aller au découragement.

O Jésus! notre force, préservez-nous de toute rechute, et ne permettez pas que nous ayons le malheur de rendre inutiles tant de fatigues et de peines que vous avez endurées pour nous.

Pater, Ave, etc.

Huitième Station.

Jésus console les pieuses femmes qui le suivent.

Adoramus te, etc.

MÉDITATION.

Considère, ô mon âme, comment Jésus dit à ces femmes de ne pas pleurer sur lui, mais de pleurer sur elles-mêmes et sur leur ville coupable. C'est pour t'apprendre que tu dois déplorer tes péchés avant de déplorer ses souffrances.

Ah! Jésus, donnez-moi les larmes d'une véritable contrition, afin que ma compassion à vos douleurs me soit méritoire.

Pater, Ave, etc.

Neuvième Station.

Jésus succombant pour la troisième fois.

Adoramus te, etc.

MÉDITATION.

C'est à toi, ô mon âme, que tu dois imputer ce nouvel accablement du Sauveur, puisque ta malice obstinée te fait tomber sans cesse dans de nouveaux péchés.

O Jésus! je veux mettre pour toujours un terme à mes péchés, afin de vous procurer du soulagement. Affermissez ma résolution, et rendez-la efficace par votre grâce.

Pater, Ave, etc.

✝

Dixième Station.
Jésus est dépouillé de ses vêtements.

Adoramus te, etc.

MÉDITATION.

Qu'elle fut grande la douleur de Jésus-Christ, lorsque les bourreaux lui arrachèrent ses habits collés sur ses plaies ! Qu'il fut sensiblement affligé en se voyant exposé nu à la vue d'une foule immense !

O Jésus ! vous souffrez tout cela sans vous plaindre ; quelle leçon de patience vous nous donnez ! C'est pour expier nos excès et nos immodesties, que vous subissez cet affront. Daignez nous faire recouvrer le don précieux de la grâce, et nous dépouiller entièrement du vieil homme, afin que nous ne vivions plus que selon les sentiments de votre cœur adorable.

Pater, Ave, etc.

✝

Onzième Station.
Jésus est attaché à la Croix.

Adoramus te, etc.

MÉDITATION.

Considérons les tourments excessifs qu'endura Jésus, quand les bourreaux étendirent sur la Croix son corps déjà tout sanglant, et l'y fixèrent en perçant de gros clous ses mains et ses pieds.

Ah ! Jésus, vous souffrez tout cela pour moi, et je ne veux rien souffrir pour vous ; attachez donc à votre Croix ma volonté rebelle ; je suis enfin résolu de ne plus vous offenser, et de tout endurer pour votre amour.

Pater. Ave, etc.

✞

Douzième Station.

Jésus mourant sur la Croix.

Adoramus te, etc.

MÉDITATION.

Considérons Jésus expirant sur la Croix, demandant grâce pour ses bourreaux, promettant sa gloire au bon larron, recommandant sa Mère au Disciple bien-aimé, et remettant son âme entre les mains de son Père. La nature entière s'attriste en voyant expirer son Créateur. Toutes les créatures publient sa divinité.

O pécheurs ! n'y aura-t-il que nous qui demeurerons insensibles à ce spectacle si attendrissant ? Jetons un regard sur notre Sauveur, voyons l'état affreux où nos crimes l'ont réduit. Il nous pardonne cependant, si notre repentir est sincère. Il a ses pieds attachés, pour nous attendre ; ses bras étendus, pour nous recevoir ; son côté ouvert et son cœur blessé, pour répandre sur nous toutes ses grâces ; la tête penchée, pour nous donner le baiser de paix et de réconciliation. Accourons-donc tous auprès de sa Croix, et mourons pour lui, puisqu'il est mort pour nous.

O Jésus ! que vos blessures soient un remède à celles de notre âme, et que votre mort fasse notre vie.

Pater, Ave, etc.

✝

Treizième Station.

Jésus est déposé de la Croix et remis à sa Mère.

Adoramus te, etc.

MÉDITATION.

Considérons quelle fut l'affliction de la Mère de Dieu, quand elle reçut dans ses bras le corps de son divin Fils, pâle, ensanglanté et privé de la vie.

Vierge sainte, obtenez-nous la grâce de ne plus faire mourir Jésus en commettant de nouveaux péchés, mais de le faire toujours vivre en nous par la pratique des vertus chrétiennes.

Pater, Ave, etc.

✝

Quatorzième Station.

Jésus est mis dans le sépulcre.

Adoramus te, etc.

MÉDITATION.

Considère, ô mon âme, comment le saint corps de Jésus fut mis avec un souverain respect dans le sépulcre neuf qui avait été préparé pour lui.

O divin Jésus! je vous rends grâces de tout ce que vous avez souffert pour me sauver. Je vous supplie de me disposer à recevoir par la sainte communion le corps que vous avez livré pour moi, et d'établir à jamais votre demeure dans mon âme.

Pater, Ave, etc.

PRINCIPAUX ARTICLES DE LA DOCTRINE CHRÉTIENNE.

Air : La neige a disparu (Des chants à Marie), *ou musique du* P. Lambillotte.

Un Dieu Créateur et rémunérateur. — Principaux attributs.

Crois un Dieu Créateur du ciel et de la terre,
Qui conserve et gouverne en maître l'univers.
Infini, juste et bon, de l'homme il est le père,
Réserve aux bons le ciel, aux méchants les enfers.

Refrain.

Oui, Seigneur, nous croyons ces vérités divines;
Mais daignez augmenter cette foi dans nos cœurs.
Nul ne sera sauvé, s'il ne tient ces doctrines,
Et ne s'efforce en tout d'y conformer ses mœurs.

Mystère de la sainte Trinité, révélé de Dieu.

Crois de la Trinité le mystère suprême :
Trois personnes en Dieu : Père, Fils, Saint-Esprit.
Ils sont tous trois égaux : leur nature est la même.
L'Eglise, notre Mère, ainsi de Dieu l'apprit,

Mystère de l'Incarnation. — Péché originel.

Pour laver dans son sang la tache originelle,
Crois que le fils de Dieu pour nous s'est incarné.
Sans Jésus, l'homme était, à la mort éternelle,
Pour le péché d'Adam, justement condamné.

Mystère de la Rédemption. — Abrégé de la vie de Jésus-Christ.

Conçu du Saint-Esprit, né d'une Vierge-Mère,
Humble, pauvre, et soumis, parmi nous il vécut,
Guérit nos maux, prêcha l'Evangile à la terre,
Et pour nous racheter sur la croix il mourut.

Résurrection. — Ascension. — Jugement dernier.

Mais bientôt, sur la mort remportant la victoire,
A la droite du Père il monta dans le Ciel.

Un jour, nous le verrons descendre plein de gloire,
Pour prononcer à tous notre arrêt éternel.

Saint-Esprit. — Justification du pécheur.

Le Père t'a créé par sa toute-puissance ;
Le Fils, pour te sauver, a versé tout son sang.
L'Esprit-Saint, de ses dons accordant l'abondance,
Rend ton cœur juste et saint, de Dieu te fait l'enfant.

Nécessité de la Prière, de la grâce, de la fréquentation des sacrem

Adresse au Ciel une humble et constante prière.
Sans la grâce à tout bien nous sommes impuissants;
De Jésus, par Marie, obtiens force et lumière,
Et surtout avec foi recours aux sacrements.

Confession. — Fuite de l'occasion.

Dieu du plus grand pécheur reçoit la pénitence.
Reviens, humble et contrit; sois franc dans tes aveux :
Sois ferme en ton propos, sauve ton innocence
De toute occasion, de tout mal dangereux.

Motifs de contrition. — Maux qu'entraîne le péché.

Pour haïr ton péché, songe aux maux qu'il amène.
Monte au Ciel en esprit; vois quel trône tu perds !..
Descends, et des damnés vois l'éternelle peine !..
Viens au Calvaire, et là, verse des pleurs amers !..

Eucharistie. — Communion fréquente

Dans la communion, Dieu t'offre en nourriture
Son corps, son sang, son âme et sa divinité.
S'il change ici pour toi les lois de la nature,
Il veut que ce banquet soit par toi fréquenté.

Eglise.—Institution divine.— Infaillibilité. — Suprématie du Pape.— Perpétuité.

Crois encor qu'ici-bas il a fondé l'Eglise;
De son Esprit divin il l'assiste toujours;
Comme à son chef suprême au Pape il l'a soumise
Avec elle il sera jusqu'à la fin des jours.

Fins dernières de l'homme.

Souviens-toi que pour lui Dieu t'a mis sur la terre.
Le temps fuit; la mort vient; et puis, l'éternité,
Ou le ciel, ou l'enfer, au bout de ta carrière...
Connais, aime et sers Dieu; le reste est vanité!

P. Ars. Lefèvre

Clermont, typ. Hubler.